Eine Auflistung aller Seiten befindet sich auf Seite 48.

Miteinander

- Was siehst du auf diesem Schulhof?

- Was weißt du schon über die Schule?

- Worauf freust du dich am meisten?

- Wovor hast du ein bisschen Angst?

Suche im Bild und kreise ein.

Das bin ich

1 Fülle den Steckbrief aus!

Mein Name

So alt bin ich

Das bin ich

Das mache ich gern

Mein Lieblingstier

Mein Lieblingsessen

Meine Lieblingsfarbe

• Den Vornamen aufschreiben. Auf der Kerze die zutreffende Zahl eintragen. Beim Porträt kann auch ein Foto eingeklebt werden. Vorlieben und Interessen aufmalen.
• Sich vorstellen. Unterschiede und Gemeinsamkeiten finden: Jedes Kind ist einzigartig und zugleich Teil einer Gemeinschaft.
Gesprächsimpulse: Erzähle drei Dinge über dich (z. B. Name, Alter, Hobby). Wer hat ... als Lieblingsessen/als Lieblingstier?

3

Das sind wir

1 Wer macht was gern? Reich einem Partnerkind dein Heft, damit es den Namen unter seine Hobbys schreibt.

- Jeweils zwei Kinder tauschen ihr Heft miteinander und schreiben ihren Vornamen unter die entsprechenden Freizeitbeschäftigungen. Bei „Fußball" und „Blockföte" ggf. helfen und eine andere Sportart oder ein anderes Musikinstrument in den Kreis notieren.
- Sich untereinander austauschen. Gemeinsame Interessen machen Spaß, aber auch Verschiedenheit ist eine Bereicherung.

Gesprächsimpulse: Was macht dein Partnerkind gern? Fallen dir noch andere Dinge ein, die Spaß machen?

Unsere Regeln

1. Wir sind freundlich zueinander.

2. Wir helfen einander.

3. Wir hören zu.

4. Wir melden uns.

5. Wir halten Ordnung.

1 Wer hält sich an die Regeln? Wer nicht? Male ☺ oder ☹ in die Kreise.

Wir helfen uns

1 Wer o**der** was kann hel**fen**? Ver**bin**de.

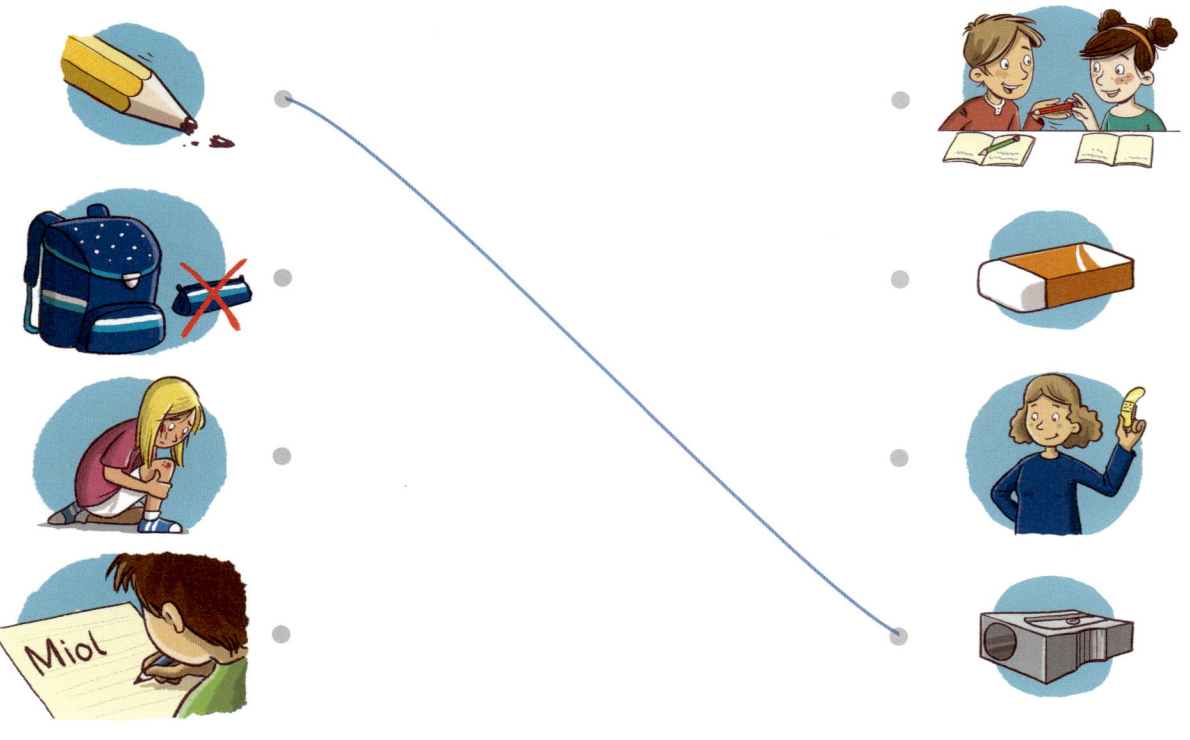

2

Wie fühlt sich E**mil**? Krei**se** ein.

Was kann E**mil** tun? Krei**se** ein.

- Eine Situation wie in Aufgabe 2 bietet sich als Rollenspiel an: Wie würden die Kinder reagieren?
- Schwierige Situationen müssen nicht allein bewältigt werden, sondern können mit der Hilfe von anderen (Lehrkraft, andere Kinder) angegangen werden.
Gesprächsimpulse: Manchmal geht alles schief. Was mache ich, wenn ...? Hast du selbst schon einmal jemandem helfen können?

Mein Federmäppchen

1 Wozu benutzt du was? Verbinde.

---

2 Was fehlt im Mäppchen? Kreuze an.

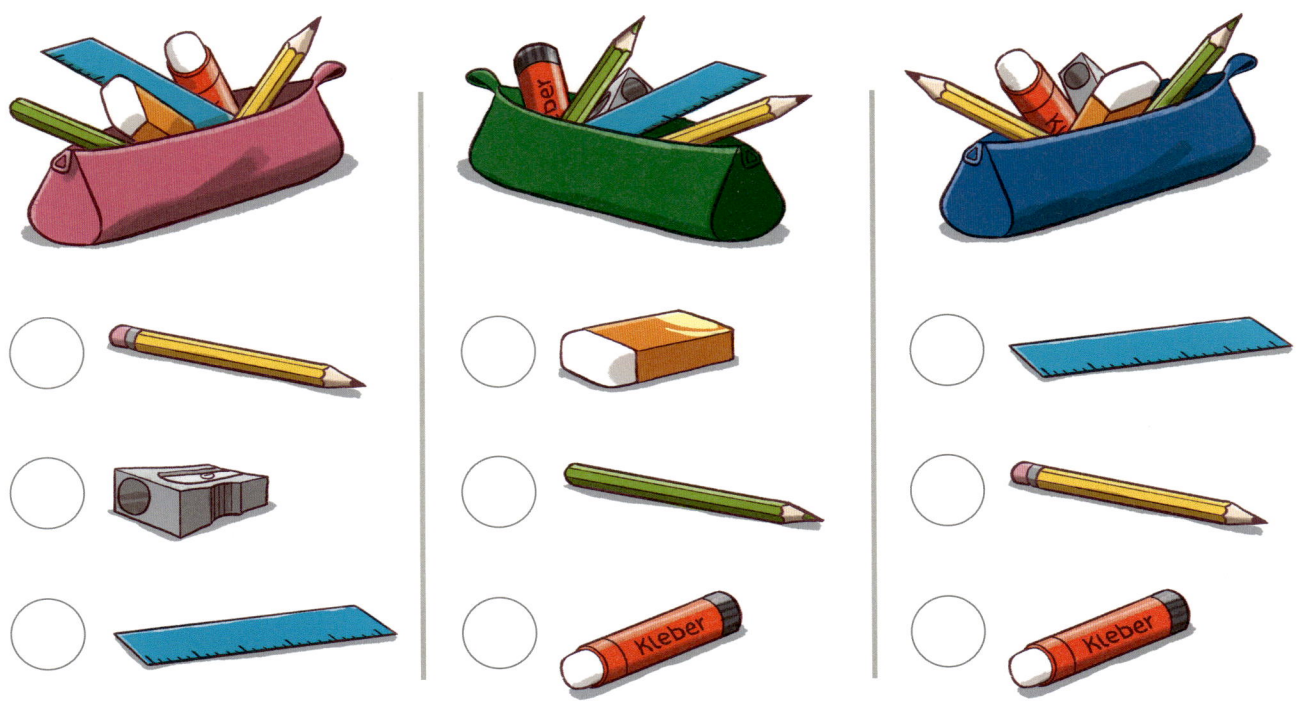

- Die Schreibutensilien auf ihre Funktionen hin „untersuchen". Siehe auch Wörterkasten S. 8. Verdeutlichen, dass alle Materialien an ihrem Platz und im guten Zustand sein sollten. Ggf. das Thema „Ordnung" ausweiten (Ranzen, Arbeitsplatz).
- Geordnete und gepflegte Schulsachen erleichtern den Schulalltag. Ständiges Suchen ist dagegen belastend.
Gesprächsimpulse: Was benutzt du am häufigsten? Was hast du alles in deinem Ranzen? Fällt dir Ordnung halten leicht?

Auf dem Schulhof

1 Was wol**len** die Kin**der** spie**len**? Spu**re** nach.

Federmäppchen

1. Schrei**be** die Zah**len** zu den pas**sen**den Bil**dern**.
2. Spu**re** ein Wort nach und ma**le** das pas**sen**de Bild aus.

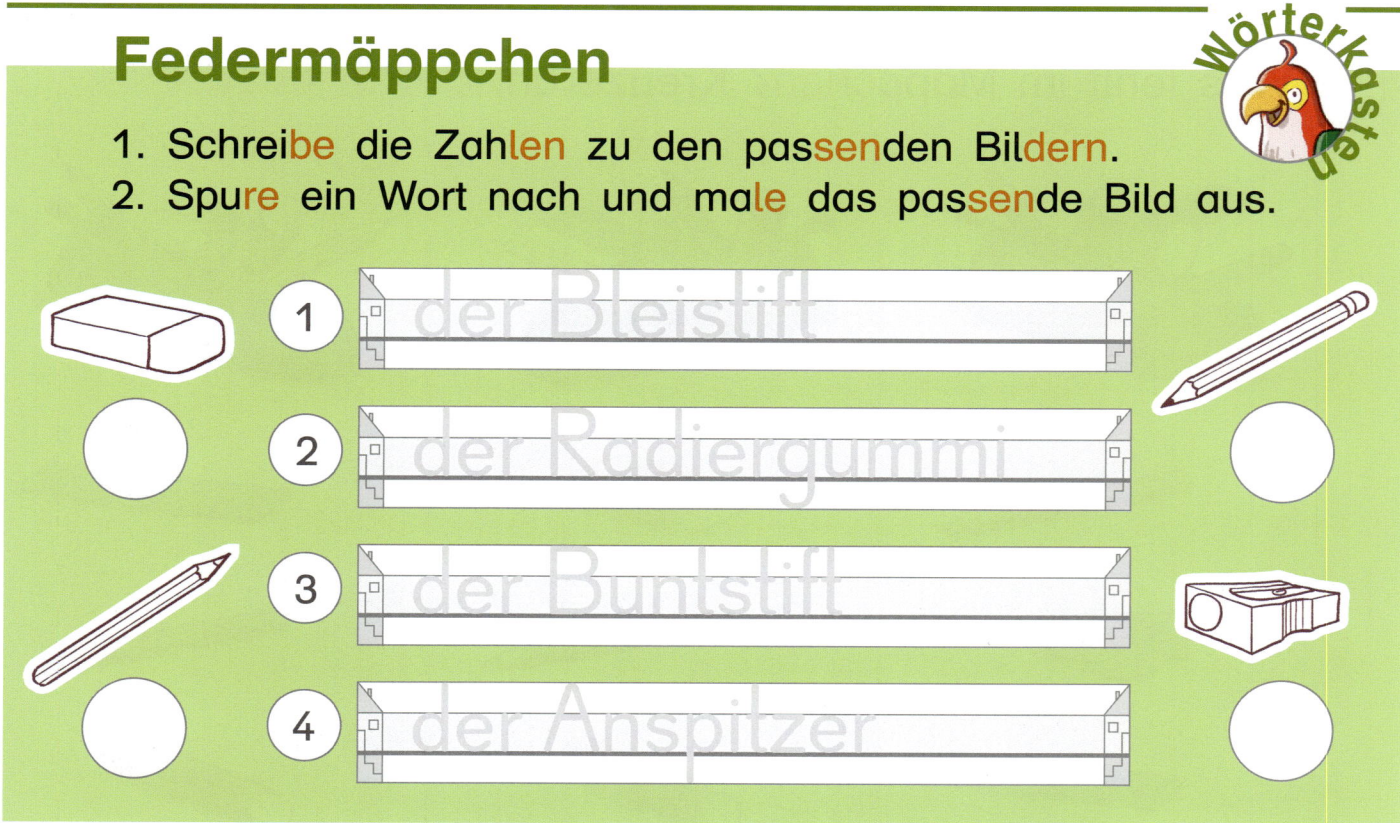

1 der Bleistift
2 der Radiergummi
3 der Buntstift
4 der Anspitzer

- Die Sinnhaftigkeit der Pause thematisieren. Erkunden, welche Spielmöglichkeiten der Schulhof bietet.
- Pausen sind wichtig, um den Kopf frei zu bekommen, frische Luft zu schnappen, um sich zu bewegen oder zu entspannen.
  Viele beliebte Pausenspiele benötigen kaum Material.
- **Gesprächsimpulse:** Was machst du in der Pause? Mit wem spielst du? Welche Pausenspiele fallen dir ein?

Bunte Kette

Malt Olli je eine hübsche Schultüte
auf ein Blatt Papier. Sie kann aussehen,
wie ihr wollt! Hängt die Tüten mit
kleinen Klammern an ein Band.
Je mehr Kinder ihre Tüten in der Klasse
aufhängen, desto schöner wird die Kette.

Klassendienste

Es ist wichtig, dass euer
Klassenraum schön sauber und
ordentlich bleibt. Wo muss jeden
Tag aufgeräumt werden? Wo nur
einmal die Woche? Klebt große
Klebezettel auf die Bereiche.

Pausenspiele

Ene mene miste …
Mit Abzählreimen wird
festgelegt, wer dran ist
beim Spielen. Wer kennt
einen lustigen Abzählreim?
Tauscht euch
untereinander aus.

9

Die Zeit

- Was machen Mila und Milo?

- Welche Jahreszeit ist auf dem Bild zu sehen?

- Welche Jahreszeit magst du besonders gern?

- Gibt es bestimmte Tage im Jahr, auf die du dich freust?

Suche im Bild und kreise ein.

Herbst

1 Zeichne die Blätter zu Ende. Male sie herbstlich aus.

der Ahorn

die Kastanie

die Eiche

die Buche

- Wenn möglich, Blätter aus der Natur zur Veranschaulichung hinzuziehen.
- Beim Malen werden die Unterscheidungsmerkmale der Blätter herausgearbeitet (Form, Oberfläche). Die Färbung der Blätter ist ein markantes Zeichen für die Veränderung der Natur im Jahresverlauf.

Gesprächsimpulse: Wie sehen die Laubbäume im Herbst aus? Was ist noch typisch für den Herbst (Wettererscheinungen, Ernte, früher dunkel ...)?

11

Winter

1 Wel**ches** Tier hin**ter**lässt wel**che** Spur? Ver**bin**de.

---

2 Das Eich**hörn**chen gräbt sei**ne** Vor**rä**te aus.
Was hält es in den Pfo**ten**? Krei**se** ein.

Bucheckern

Haselnüsse

Walnüsse

- Ein Ausweiten der Aufgabe auf weitere Tierarten bietet sich an: Wie sehen wohl die Spuren von Fuchs, Wolf oder Wildschwein aus?
  Aufgabe 2: Siehe auch Wörterkasten S. 16.
- Wir erfahren viel über Tiere, wenn wir in der Natur die Augen aufhalten.
Gesprächsimpulse: Hast du schon einmal Spuren von wildlebenden Tieren bemerkt? Was frisst das Reh im Winter (der Hase, die Blaumeise …)?

Frühling

1 Verbinde Foto und Zeichnung der Frühblüher.
Male die Frühblüher aus.

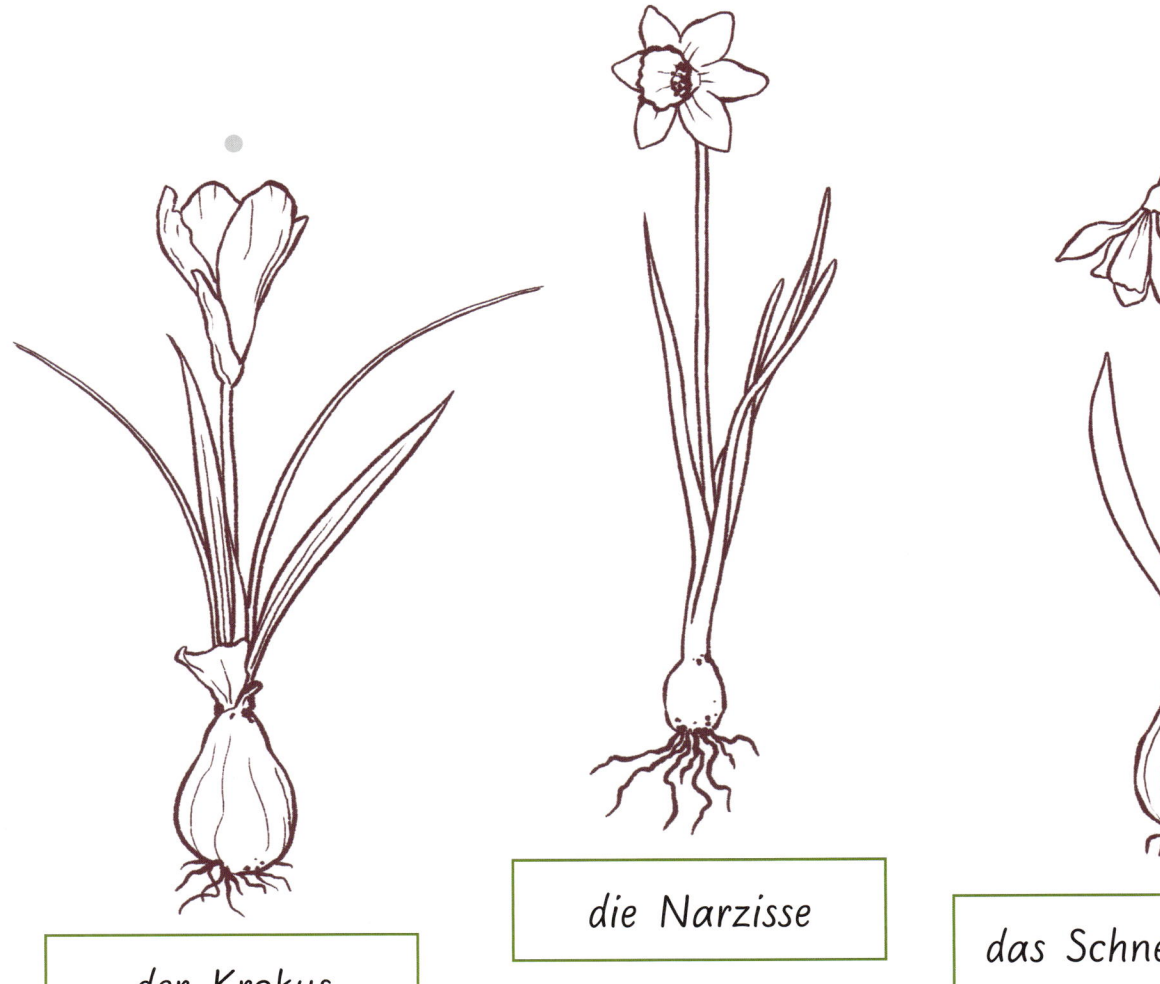

die Narzisse

der Krokus

das Schneeglöckchen

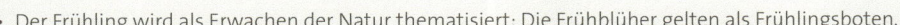

- Der Frühling wird als Erwachen der Natur thematisiert: Die Frühblüher gelten als Frühlingsboten.
- Ein auffälliges Merkmal der abgebildeten Blumen ist die Zwiebel mit den Wurzelhaaren. Die in der Zwiebel gespeicherten Nährstoffe („Vorratskammer") versorgen die austreibende Pflanze.
Gesprächsimpulse: Woran merkst du, dass es Frühling wird? Welche Blumen blühen noch im Frühling (Tulpe, Hyazinthe ...)?

Sommer

1 Was ge**hö**rt zum Som**mer**? Krei**se** ein.

2 Was wür**dest** du in den Fe**r**ien am liebs**ten** tun?

- Überlegen: Welche weiteren Motive verbinden wir mit dem Sommer? Alternativ: auch die anderen Bilder in Aufgabe 1 einer Jahreszeit zuordnen und sie in anderen Farben einkreisen.
- Sommerzeit wird oft mit Ferienzeit gleichgesetzt. Viele möchten verreisen. Aber auch daheim kann man viel unternehmen.
Gesprächsimpulse: Wie kühlst du dich ab bei Sommerhitze? In welches Land würdest du gern einmal reisen?

Der Tag

1 Von morgens bis abends: Bringe die Bilder in die richtige Reihenfolge. Schreibe dann die Buchstaben in die Tabelle.

1	2	3	4	5
S				

2 Wofür brauchst du länger? Kreuze an.

• Die Begriffe „Morgen", „Vormittag" ... anwenden und ihnen entsprechende Tätigkeiten zuordnen.
• Der Tag kann in Abschnitte strukturiert werden. Es gibt wiederkehrende Tätigkeiten im Tagesverlauf, die unterschiedlich lang dauern.
Gesprächsimpulse: Wie sieht ein ganz normaler Tag bei dir aus? Gibt es Momente, die dir endlos lang erscheinen (auf etwas warten, unliebsame Dinge erledigen)? Oder Momente, in denen die Zeit im Nu vergeht?

Die Woche

1 An wel**chen** Ta**gen** wür**dest** du gern mit Mi**lo** tau**schen**?

Milos Wo**che**    Mon**tag**   Diens**tag**   Mit**tw**och

  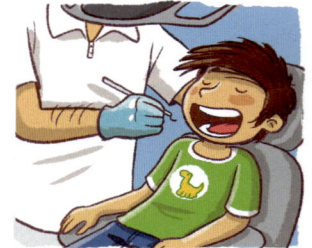 

Don**ner**stag   Frei**tag**   Sams**tag**   Sonn**tag**

Baumfrüchte

Wörterkasten

1. Schrei**be** die Zah**len** zu den pas**sen**den Bil**dern**.
2. Spu**re** ein Wort nach und ma**le** das pas**sen**de Bild aus.

 **1** die Kastanie

 **2** die Eichel

 **3** die Buchecker

4 die Haselnuss

- Über Milos Woche sprechen und dabei die Wochentage nennen. Tätigkeiten benennen, die nach der Schule anstehen (z. B. Arztbesuche, Hobbys) oder gern am Wochenende ausgeführt werden. Einen eigenen Wochenplan erstellen.
- Es ist sinnvoll, die Woche bis zu einem gewissen Grad zu planen, z. B., um Verpflichtungen einzuhalten oder um sich nicht zu viel vorzunehmen.
Gesprächsimpulse: Was machst du außerhalb der Schule? Hast du einen Lieblingstag? Was kann man nicht planen?

Lesezeichen

Dünne Pappe in eine rechteckige Form
schneiden (ca. 6,5 cm breit, 20 cm hoch).
Eine Seite mit doppelseitigem Klebeband
bekleben. Klebeband abziehen und Blüten
oder Blätter aufkleben. Dann das
Lesezeichen pressen und laminieren lassen.

Obstsalat

Im Sommer und Herbst sind viele heimische
Früchte reif. Wie wäre es mit einem leckeren
Obstsalat? Fragt eure Eltern nach einem
einfachen Rezept. Bittet sie um Hilfe beim
Einkaufen und Zubereiten. Vielleicht wird ja
eine Klassenaktion daraus?

Abenteuer

Die Ferien stehen an, und es ist
keine Reise geplant? Sammelt
Ideen für Abenteuer daheim:
Gruselgeschichten erzählen, eine
Bude bauen, ein Picknick machen …
Gute Ideen finden sich für jede
Jahreszeit.

Am Meer

- Was haben Mila und Milo an den Strand mitgenommen?

- An was denkst du, wenn du das Wort „Meer" hörst?

- Welche Tiere kann man unter Wasser entdecken?

- Was unterscheidet das Meer von einem See oder Teich?

Suche im Bild und kreise ein.

Meerestiere

1 Welche Tiere leben im Meer? Kreise ein.

---

2 Wer bin ich? Kreuze an.

Hier jage ich:

Hier ruhe ich mich aus:

Ich bin:

◯ ein Wal   ◯ ein Hai   ◯ ein Delfin   ◯ eine Robbe

• Die Tiere benennen und die Vielfältigkeit der Unterwasserwelt entdecken. Besprechen, an welchen Gewässern die drei Tiere leben, die nicht im Meer anzufinden sind.
• Die Robbe ist ein Meeressäugetier, ebenso wie der Wal oder der Delfin. Nur sie hält sich aber auch an Land auf.
Gesprächsimpulse: Welche Tiere leben sowohl im Wasser als auch an Land? Welches Meerestier findest du besonders interessant?

Der Delfin

1 Verbinde die Delfin-Bilder mit den passenden Menschen-Bildern.

Finne
Fluke
Flipper

Arme
Beine

- Im Vergleich von Mensch und Delfin werden die typischen Merkmale eines Meeressäugetiers herausgearbeitet.
- Delfine sind Säugetiere, die sich an ein Leben im Wasser angepasst haben. Anders als Fische atmen sie nicht unter Wasser. Wie der Mensch säugen sie ihren Nachwuchs.

Gesprächsimpulse: Warum können Delfine nicht an Land leben? Was haben Delfine und Fische gemeinsam? Was nicht?

Lebensraum Meer

1 Wer frisst wen? Kreuze an.

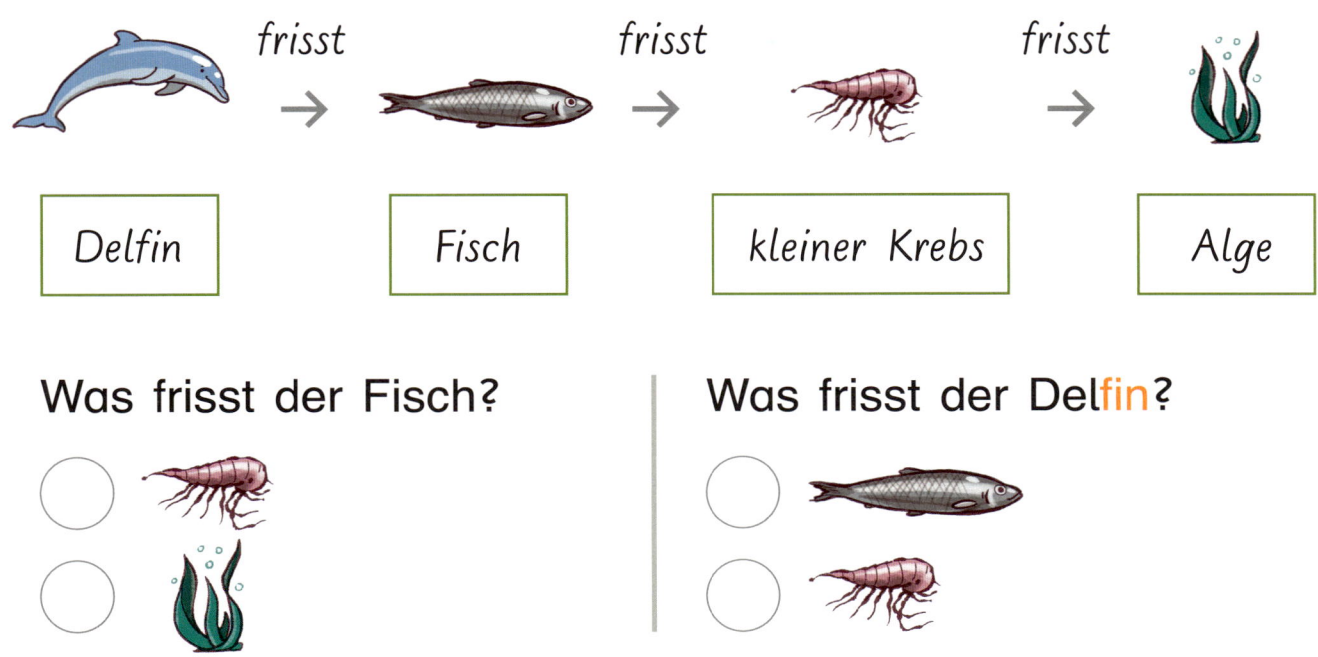

frisst → frisst → frisst →

| Delfin | Fisch | kleiner Krebs | Alge |

Was frisst der Fisch?

○ 🦐
○ 🌿

Was frisst der Delfin?

○ 🐟
○ 🦐

---

2 Was gehört nicht ins Meer? Streiche durch.

- Anhand einer einfachen Nahrungskette wird gezeigt, dass Pflanzen und kleine Tiere größeren Tieren als Nahrung dienen.
  Ggf. eine weitere, nicht komplexe Nahrungskette aufstellen (z.B. Blatt – Raupe – Specht).
- Müll im Meer schädigt die Tiere, z. B., wenn sie ihn mit Nahrung verwechseln. Oft verfangen sich Tiere in „Geisternetzen".

Gesprächsimpulse: Welche Meerestiere isst der Mensch? Wie gelangt Müll ins Meer (von Schiffen, über die Flüsse, vom Strand)?

Urlaub

1 Was würdest du am Strand machen? Male dich.

Am Strand

1. Schreibe die Zahlen zu den passenden Bildern.
2. Spure ein Wort nach und male das passende Bild aus.

1	die Muschel	
2	die Krabbe	
3	die Schnecke	
4	die Möwe	

Wörterkasten

• Die Aktivitäten am Strand können teilweise auf See oder Freibad übertragen werden. Regeln für einen Tag am Wasser überlegen: sich nicht in Gefahr bringen, Rücksicht auf andere nehmen, Tiere nur betrachten, keinen Müll herumliegen lassen.
• Das Meer ist auch ein Erholungsraum für den Menschen. Damit sich am Strand alle wohlfühlen, nehmen wir Rücksicht auf die Natur.
Gesprächsimpulse: Warst du schon mal am Strand/im Schwimm- oder Freibad? Was hast du erlebt? Was gibt es am Strand zu entdecken?

Der blaue Planet

Schaut euch einen Globus oder eine
Weltkarte an. Überlegt: Warum nennt
man die Erde auch „der blaue Planet"?
Stellt euch vor, dass ihr mit dem Schiff
nach Amerika reist. Fahrt die Strecke mit dem Finger nach.
Welches große Meer müsst ihr überqueren?

Salzwasser

Das Tote Meer ist ein Gewässer in Asien.
Sein Wasser ist so salzig, dass man nicht
untergeht. Kaum zu glauben? Füllt zwei Gläser
mit Wasser. Gebt in ein Glas sieben Teelöffel
Salz und verrührt es gut. Legt nun in jedes
Glas ein rohes Ei. Was beobachtet ihr?

Die Tiefsee

In der Tiefsee ist das Meer so tief, dass kaum oder gar kein
Licht mehr dort hingelangt. Doch auch in dieser Finsternis
leben Tiere. Manche sehen ganz schön seltsam aus.
Findet mithilfe eines Erwachsenen über
das Internet heraus, welche Tiere
es in der Tiefsee gibt.

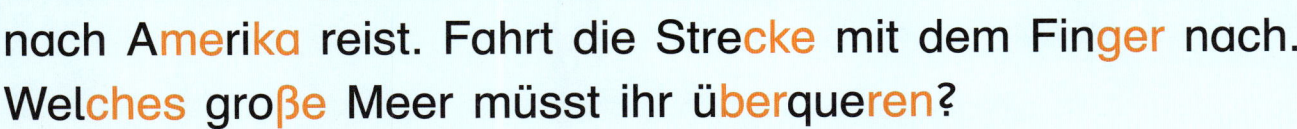

23

Im Garten

- Was machen Mila und Milo in Omas Garten?

- Was würdest du gern im Garten machen?

- Was gehört alles zu einem Garten?

- Welche Tiere leben im Garten?

Suche im Bild und kreise ein.

Das Gemüsebeet

1 Milas Oma kocht Kartoffelsuppe. Finde die Zutaten im Gemüsebeet. Kreise sie ein.

Kartoffeln

Sellerie

Möhren

Knoblauch

Lauch

Petersilie

2 Mila braucht Gemüse für einen Salat. Male aus, was sie erntet.

Salatgurke

Tomate

- Unterschiedliche Gestaltungsmöglichkeiten eines Gartens besprechen (Nutzgarten, Blumengarten ...). Gemüsesorten benennen.
- Das Wissen um die Herkunft von Lebensmitteln ist ein erster Schritt zum bewussten Umgang mit ihnen. Im Gemüsebeet von links nach rechts: Kartoffeln, Rote Beete, Sellerie, Lauch, Radieschen, Möhren, Petersilie, Zwiebel, Rettich, Knoblauch, Steckrübe.
Gesprächsimpulse: Welche Gemüsesorten hast du probiert? Hast du schon einmal beim Kochen mitgeholfen?

25

Lebensraum Garten

1 Wo gehören die fünf Puzzleteile hin?
Schreibe die passenden Buchstaben in die Kreise.

- Den Garten als Ökosystem wahrnehmen. Besprechen, welche Bedürfnisse Tiere haben.
- Der Mensch kann bei der Gestaltung von Naturräumen zur Artenvielfalt beitragen. Reisighaufen, Steine und Bäume bieten Lebensraum für Tiere; insektenfreundliche Pflanzen bieten ihnen Nahrung.

Gesprächsimpulse: Was ist gut für Tiere im Garten? Was nicht (chemische Mittel, Laubsauger ...)?

Insekten und Spinnentiere

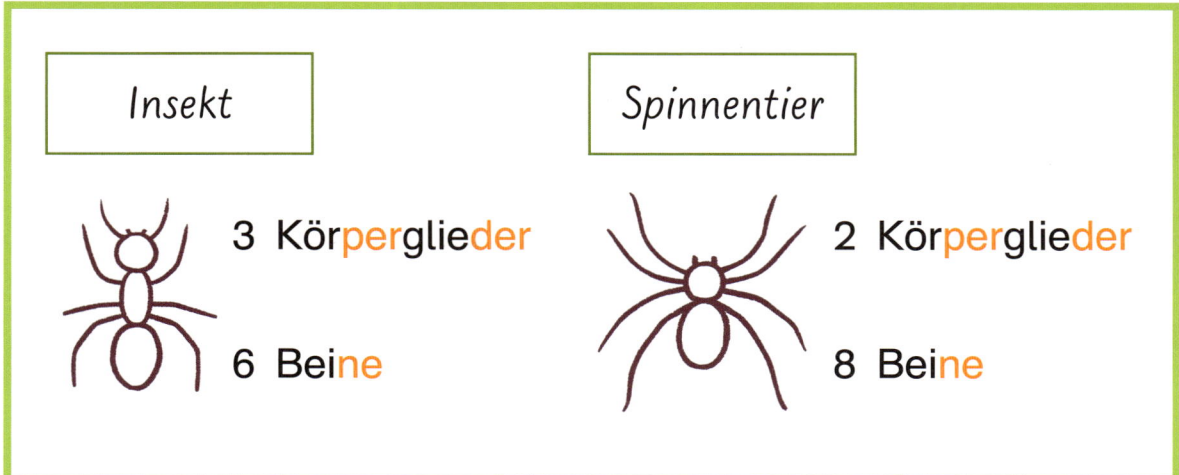

Insekt		Spinnentier	
	3 Körperglieder		2 Körperglieder
	6 Beine		8 Beine

1 Spinnentier oder Insekt? Kreuze an.

Kreuzspinne

○ Spinnentier
○ Insekt

Biene

○ Spinnentier
○ Insekt

Zecke

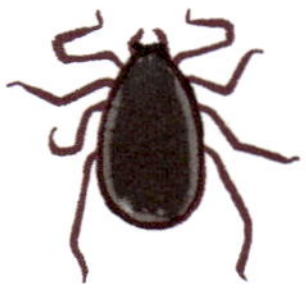

○ Spinnentier
○ Insekt

Weberknecht

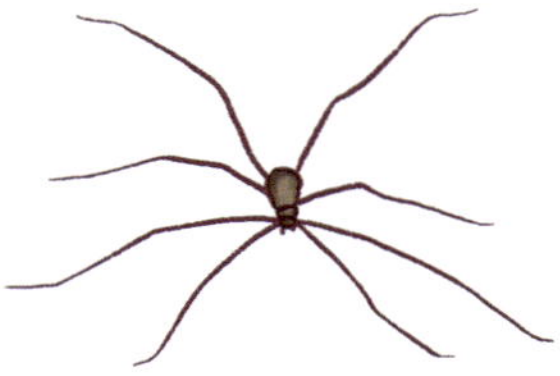

○ Spinnentier
○ Insekt

Mücke

○ Spinnentier
○ Insekt

Marienkäfer

○ Spinnentier
○ Insekt

• Aufzeigen, woran man ein Insekt erkennt. Bewusst machen, dass Spinnen nicht zu den Insekten gehören, sondern zu den Spinnentieren.
• An der Anzahl von Beinen und Körpergliedern lassen sich die beiden Tierklassen voneinander unterscheiden. Insekten haben zudem Fühler.
  Meistens haben sie auch Flügel (Ausnahme z. B. der Floh). Siehe auch Wörterkasten S. 30.
Gesprächsimpulse: Welche Spinnenarten gibt es? Warum ist die Biene/der Marienkäfer nützlich?

Gartenvögel

1 Welcher Vogel ist das? Male das Bild in den angegebenen Farben aus. Felder ohne Zahl bleiben weiß. Kreuze danach das dazu passende Foto an.

○ Buchfink   ○ Rotkehlchen   ○ Blaumeise

- Heimische Gartenvögel kennen- und voneinander unterscheiden lernen.
- Schon auf kleinem Raum (Garten) kann die Artenvielfalt sichtbar werden. Weitere Beispiele für heimische Gartenvögel: Amsel, Haussperling, Kohlmeise, Buntspecht, Dole, Eichelhäher, Elster, Dompfaff, Kleiber, Mehl- und Rauchschwalbe, Singdrossel, Star, Stieglitz ...
Gesprächsimpulse: Welche Gartenvögel hast du schon einmal gesehen? Welche Vögel leben im Wald/an der Küste ...?

Schnabelformen

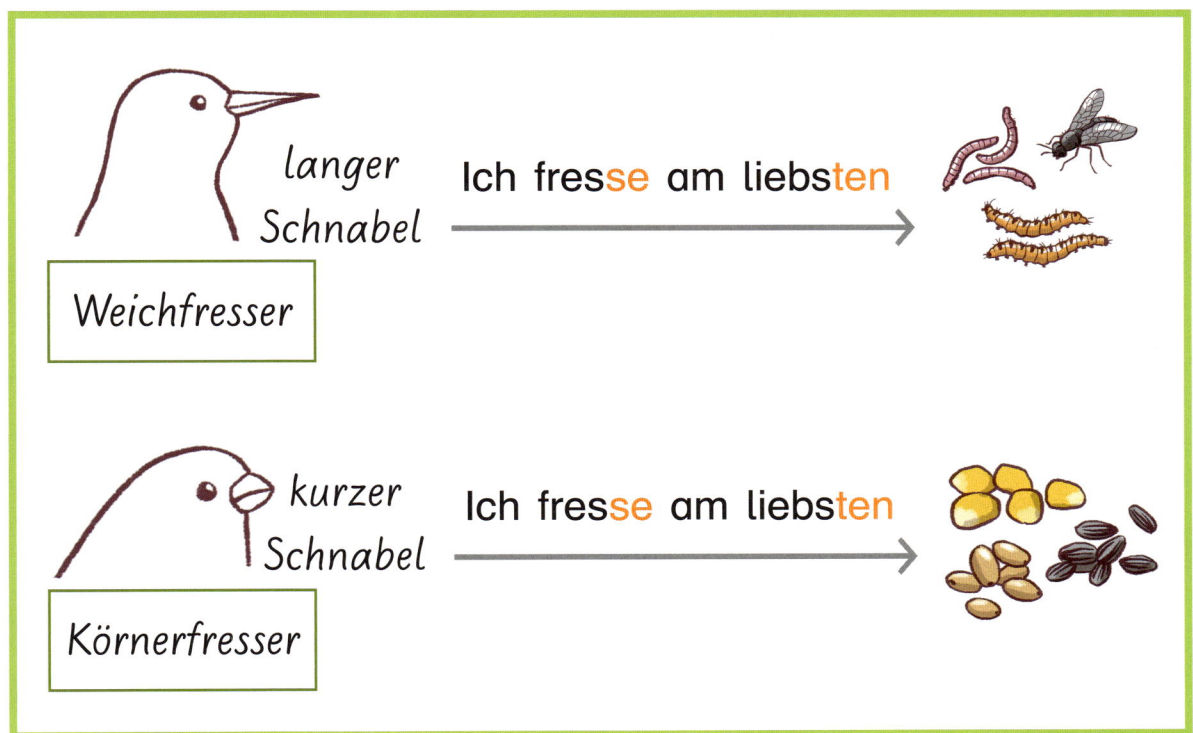

langer Schnabel

Weichfresser

Ich fres**se** am liebs**ten** →

kurzer Schnabel

Körnerfresser

Ich fres**se** am liebs**ten** →

1 Was frisst wel**cher** Vogel am liebs**ten**? Krei**se** ein.

Buntspecht

Dompfaff

Haussperling (Spatz)

Amsel

- Verdeutlichen: Kurze, kräftige Schnäbel eignen sich zum Körnerknacken, lange, pinzettenartige Schnäbel zum Aufpicken von Insekten.
- Sind sie dem Nest entwachsen, steigen einige Vogelarten auf Körnerkost um (= Körnerfresser). Andere Vogelarten, die Früchte, Weichtiere oder wie hier Insekten bevorzugen, werden als Weichfresser bezeichnet.

Gesprächsimpulse: Welches Futter eignet sich für ein Vogelhaus? Wie sieht Ollis Schnabel aus?

Unter der Erde

1 Wie wird der Maulwurf satt? Führe ihn zu seinen Vorräten.

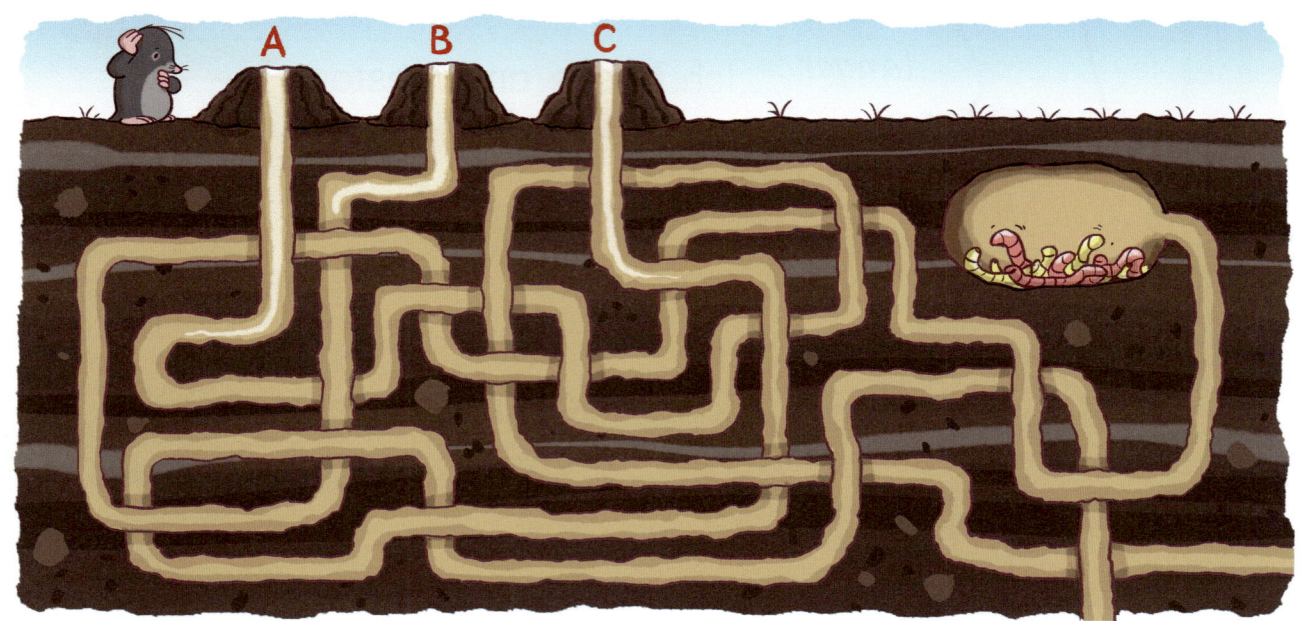

Insekten

1. Schreibe die Zahlen zu den passenden Bildern.
2. Spure ein Wort nach und male das passende Bild aus.

1	die Ameise	
2	der Käfer	
3	die Biene	
4	der Schmetterling	

- Auch unterirdisch bietet ein Garten Lebensraum. Ggf. den Status des Maulwurfs als „geschütztes Tier" thematisieren.
- Wie der Igel und die Spitzmaus ist der Maulwurf ein Insektenfresser. Er spürt zum Beispiel Regenwürmer, Insekten und Engerlinge auf, die sich in seinem Tunnelsystem einfinden. Für den Winter legt er Vorräte an.

Gesprächsimpulse: Warum hat der Maulwurf so große Hände? Welche Tiere leben noch unter der Erde?

Eine Pflanze pflegen

Habt ihr Pflanzen in der Wohnung oder auf dem Balkon? Besprecht mit euren Eltern, um welche Pflanze ihr euch kümmern könnt. Gießt sie regelmäßig und achtet darauf, dass sie weder zu viel noch zu wenig Wasser erhält.

Vogelstimmen

Welche Töne gibt ein Rotkehlchen von sich? Hört euch Vogelstimmen im Internet oder auf CD an. Achtet auf die Unterschiede. Wenn ihr das nächste Mal nach draußen geht, erkennt ihr die Vögel vielleicht an ihrem Gesang.

Maus und Co.

Aus Walnusshälften können hübsche Gartentiere werden. Lasst euch beim Basteln von einem Erwachsenen helfen. Zunächst müssen die Nüsse sauber in zwei Hälften geteilt werden. Zum Bemalen eignet sich Acrylfarbe. Es gibt auch Acrylstifte. Ihr könnt lustige Wackelaugen aufkleben.

Unser Körper

- Was spielen Mila, Milo und ihre Freunde?

- Kennst du noch andere Ballspiele?

- Hast du einen Lieblingssport?

- Woran merkst du, dass Bewegung guttut?

Suche im Bild und kreise ein.

Bewegung

1 Welche Sportarten sind hier zu sehen?
Trage die richtigen Zahlen in die Kreise ein.

1. Karate

2. Schwimmen

3. Turnen

4. Fußball

2 Welches Sportgerät ist hier versteckt?
Verbinde die Punkte in der jeweils passenden Farbe.

• Sportarten beschreiben, weitere Sportarten aufzählen. Auch den Schulsport (siehe Wörterkasten S. 38) und alltägliche Bewegungsmöglich-
keiten besprechen (zu Fuß gehen, spielen ...).
• Bewegung fördert den Aufbau von Muskeln und Knochen. Wer sich tagsüber austobt, schläft besser und kann sich besser konzentrieren.
Gesprächsimpulse: Kennst du Spiele, bei denen man sich viel bewegt? Kennst du einen berühmten Sportler oder eine berühmte Sportlerin?

Körperteile

1 Wie heißen die Körperteile? Trage die Buchstaben in die Kästchen ein und finde das Lösungswort.

Kopf	Arm	Schulter	Knie	Fuß	Hand	Bauch	Bein
T							

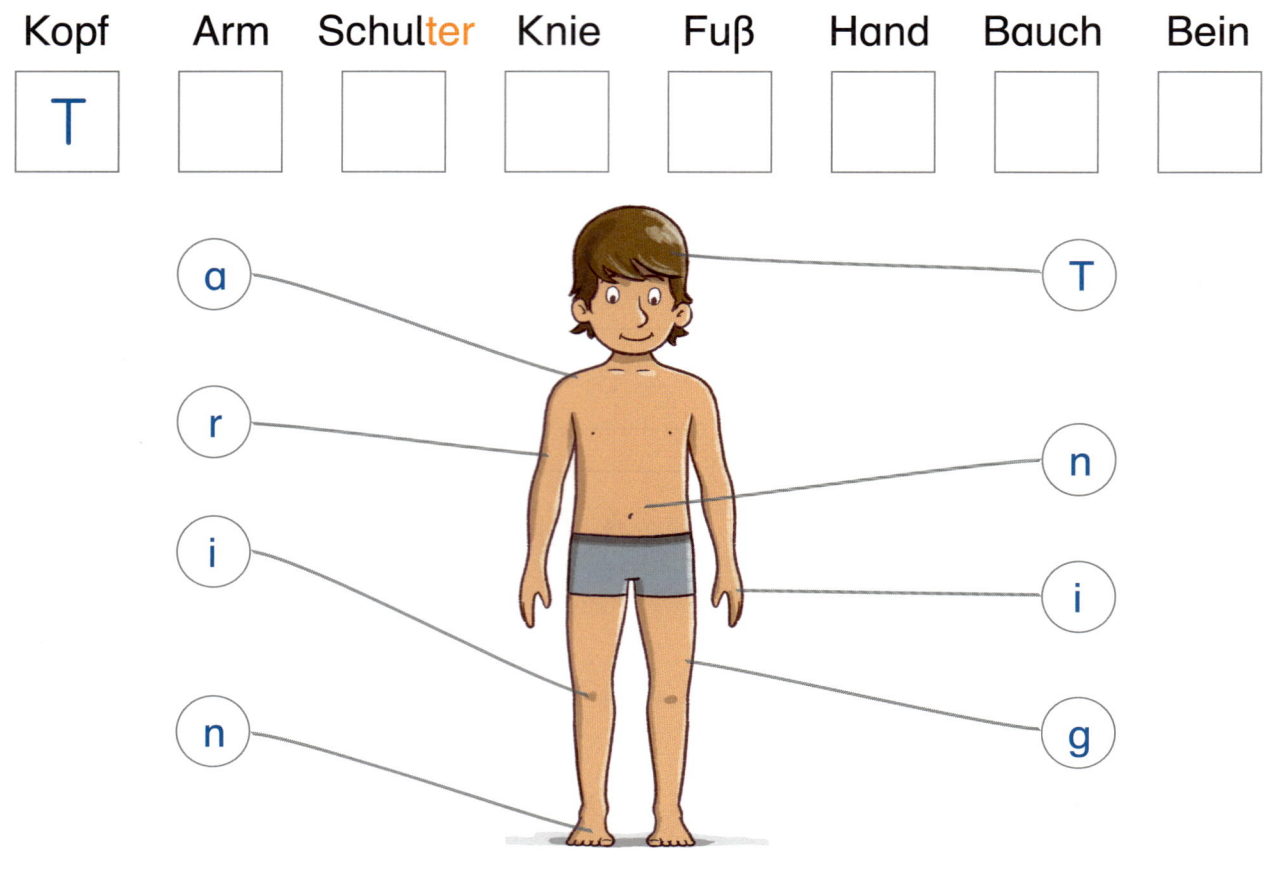

2 Wie heißen die Finger? Male die Kreise in der passenden Farbe aus.

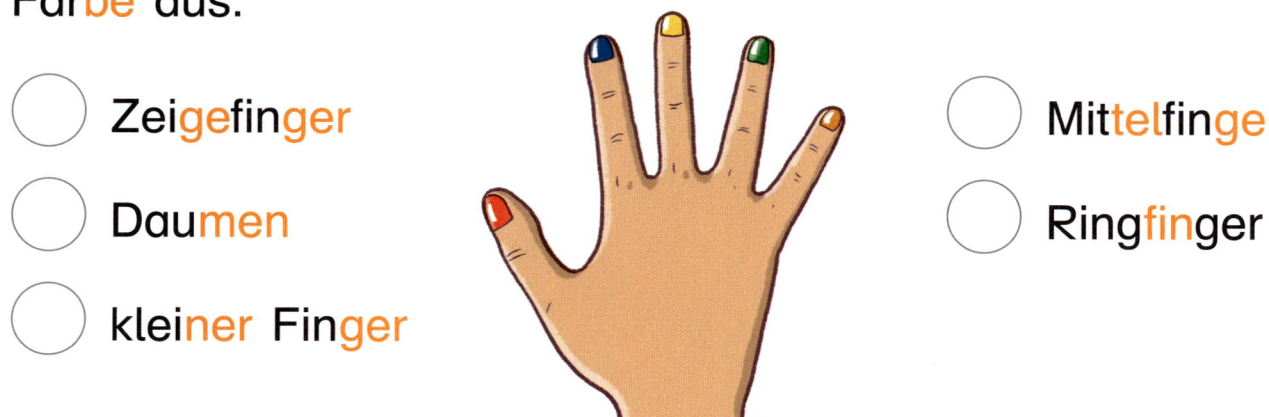

○ Zeigefinger

○ Daumen

○ kleiner Finger

○ Mittelfinger

○ Ringfinger

- Sich mit dem eigenen Körper beschäftigen und besprechen, was er jeden Tag leistet. Ein Körperteil näher untersuchen (hier: die Hand).
- Laufen, springen, fangen ... dank eines beweglichen Körpers können wir täglich viel unternehmen. Einzelne Körperteile erfüllen wichtige Funktionen, wie die Hand das Greifen.

Gesprächsimpulse: Ist der Körper bei allen Menschen gleich? Hast du dich schon einmal verletzt? Was findest du an deinem Körper gut?

Körperpflege

1 Womit pflegst du deine Haare? Und womit den übrigen Körper? Verbinde. Benutze zwei unterschiedliche Farben.

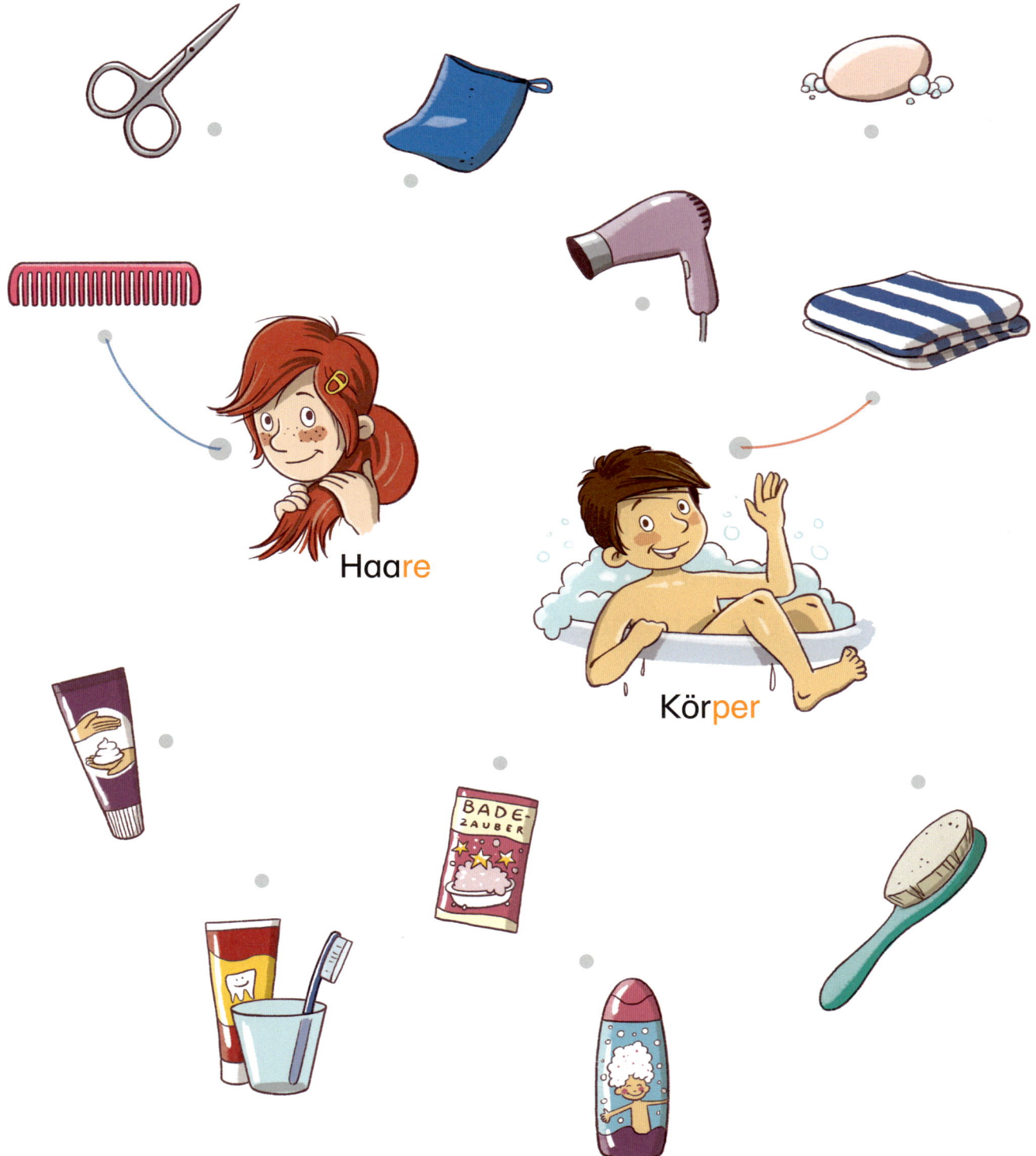

Haare

Körper

- Utensilien zur Körperpflege benennen und ihre Anwendung beschreiben. Sich ihrer Funktion bewusst werden: „Ich putze meine Zähne, weil …",
  „Ich benutze Seife, damit …"
- Wir waschen unseren Körper, damit wir sauber sind und damit wir gesund bleiben (Schutz vor Krankheitserregern).
Gesprächsimpulse: Was findest du gut bei der Körperpflege, was machst du nicht so gern? Wann solltest du dir die Hände waschen?

35

Zahnpflege

1 So bleiben die Zähne gesund!
Umrahme die Bilder in der jeweils passenden Farbe.

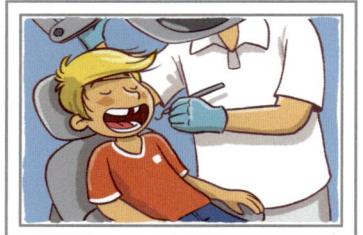

2-mal im Jahr
zum Zahnarzt

Gesund essen
und trinken

2-mal am Tag
Zähne putzen

---

2 Putze die Zähne richtig. Erst die **K**auflächen, dann **a**ußen
und **i**nnen: **KAI**.
Schreibe die fehlenden Buchstaben in die Kästchen.

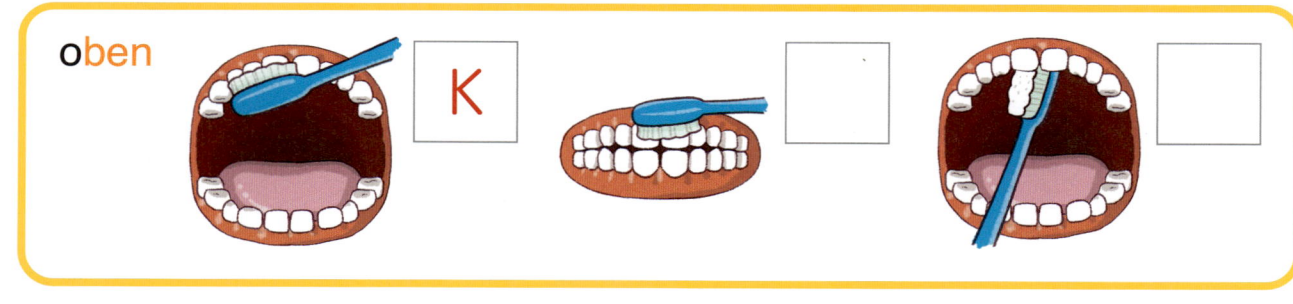

• Vermitteln, dass gesunde Zähne wichtig für unser Wohlgefühl sind. Beispiele sammeln: Wie schütze ich meine Zähne?
Was kann den Zähnen schaden?
• Durch regelmäßiges Zähneputzen, eine gesunde Ernährung und Vorsorge können wir etwas zur Zahngesundheit beitragen.
Gesprächsimpulse: Sind dir bereits Milchzähne ausgefallen? Warst du schon einmal beim Zahnarzt?

Essen und trinken

1 Was isst und trinkst du gern? Kreise ein.

---

2 Was kommt in welchen Korb? Kreise Obst und Gemüse in zwei unterschiedlichen Farben ein.

- Vorlieben nennen. Obst und Gemüse als Teil der täglichen Ernährung wahrnehmen.
- **Aufgabe 1: Getränke:** Limonade, Mineralwasser. **Obst:** Apfel, Bananen. **Gemüse:** Paprika, Gurke, Möhren. **Milch und Milchprodukte:** Milch, Käse, Joghurt. **Fleisch:** Wurst. **Getreideprodukte:** Brot. **Fisch:** Fisch. **Süßes und Fettiges:** Eis, Kuchen, Pommes frites.
Gesprächsimpulse: Was isst du zu welcher Tageszeit? Was magst du gern, was nicht? Welche der Lebensmittel hast du schon probiert?

Ernährung

1 Welche Lebensmittel und Getränke sollten wir nur ab und an zu uns nehmen? Verbinde sie mit der Kiste.

SELTEN

Schulsport

Wörterkasten

1. Schreibe die Zahlen zu den passenden Bildern.
2. Spure ein Wort nach und male das passende Bild aus.

1	laufen
2	der Purzelbaum
3	der Kasten
4	werfen

Bewegung

Bewegung tut gut. Denkt euch einen Parcours aus, also ein paar sportliche Aufgaben, die ihr in einem bestimmten Zeitraum bewältigen müsst. Besprecht mit einem Erwachsenen, wo und wie ihr den Parcours am besten aufbauen könnt.

Meine Hand

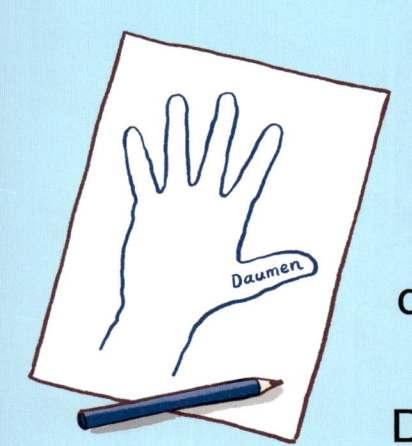

Ihr braucht nur einen Filzstift und ein Blatt Papier. Legt eine Hand auf das Papier. Spreizt die Finger und umfahrt eure Hand mit dem Filzstift. Wie heißen die Finger? Beschrifte deine Zeichnung mit den richtigen Begriffen. Du kannst sie auf Seite 34 nochmal nachlesen.

Schulfrühstück

Überlegt gemeinsam, wie ihr ein gesundes Schulfrühstück zubereiten könnt. Das ist gar nicht schwierig, wenn alle etwas mitbringen. Was benötigt ihr? Wer bringt was mit? Legt eine Liste an. Überlegt, wie ihr euer Essen hübsch anrichtet, denn: „Das Auge isst mit."

Im Straßenverkehr

- Wo gehen Mila und Milo wohl hin?

- Wozu sind Zebrastreifen oder Ampeln da?

- Warum brauchen wir Regeln im Straßenverkehr?

- Wer nimmt alles am Straßenverkehr teil?

Suche im Bild und kreise ein.

Rechts und links

1 In welche Richtung fahren die Fahrzeuge?
Schreibe **L** für „links" in die Kreise und **R** für „rechts".

---

2 Sami will die Straße überqueren. In welche Richtung
schaut er? Male Pfeile unter die Bilder: ⟵   ⟶

Über die Straße

1 Wie kommt E*la* zu ih*ren* Freun*den*?
Spu*re* den si*che*ren Weg in Grün nach.

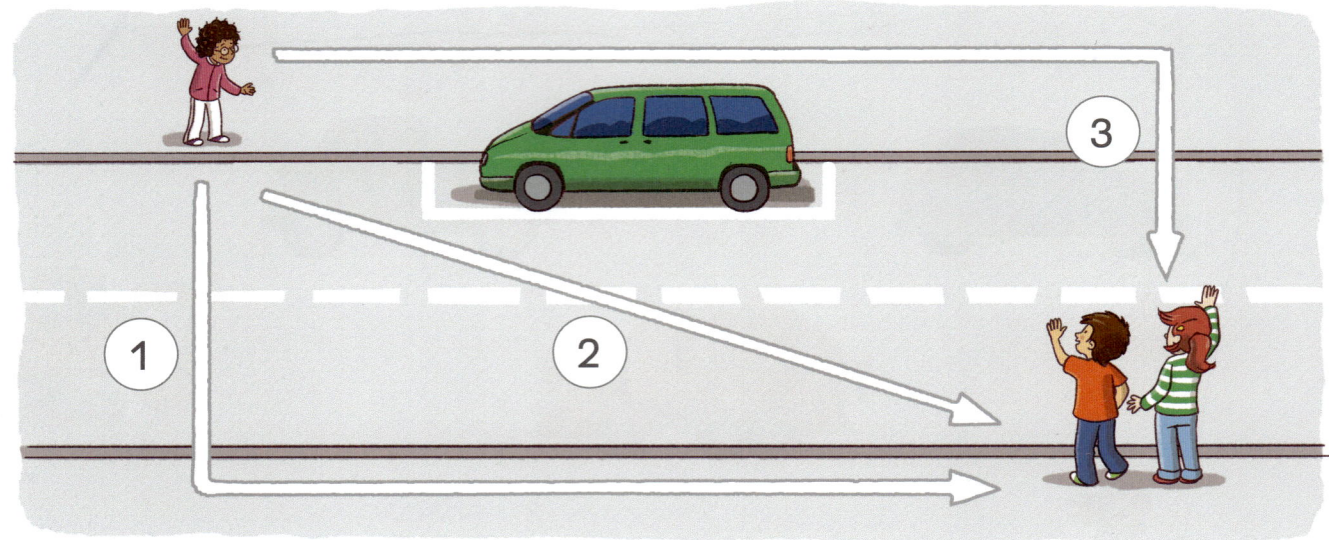

2 Zeich*ne* die rich*ti*gen Am*pel*far*ben* ein. Spu*re* nach.

- Gefahr thematisieren, die von parkenden Autos ausgehen kann. Besprechen, was an der Ampel zu beachten ist.
- Parkende Autos können die Sicht versperren, und nicht immer ist ein Fußgängerüberweg in der Nähe. Es sollte zunächst eine geeignete Stelle gefunden, dann die Straße auf geradem Weg überquert werden.

Gesprächsimpulse: Wie viele Ampeln gibt es auf deinem Schulweg? Ist dein Schulweg lang oder kurz? Wer fährt mit dem Schulbus?

Sicherheit

1 Wie sind Mila und Milo auch bei Dunkelheit gut zu sehen? Male die Kleidung und die Schulranzen an.

2 Welche Gegenstände erhöhen die Sicherheit? Kreise ein. Was kann im Verkehr gefährlich werden? Streiche durch.

• Herausarbeiten, was bei Dunkelheit oder trübem Wetter zu beachten ist, und wie man selbst zur Sicherheit im Straßenverkehr beitragen kann.
• Neben der aktiven Sicherheit (Aufmerksamkeit im Straßenverkehr) ist auch die passive Sicherheit wichtig. Es gibt verschiedene Möglichkeiten, sich für andere Verkehrsteilnehmer „gut sichtbar" zu machen: helle Kleidung, Verkehrswesten, Reflektoren, LED-Kappen ... .
Gesprächsimpulse: Was ist zu beachten, wenn du bei Dunkelheit unterwegs bist? Was tun Fahrradfahrer für ihre Sichtbarkeit (Licht, Reflektoren)?

Fahrzeuge

1 Wie heißen diese Fahrzeuge? Ordne zu. Welche dieser Fahrzeuge hast du schon einmal benutzt?

(A) Bus (B) Motorrad (C) Fahrrad (D) U-Bahn

(E) Auto (F) Straßenbahn

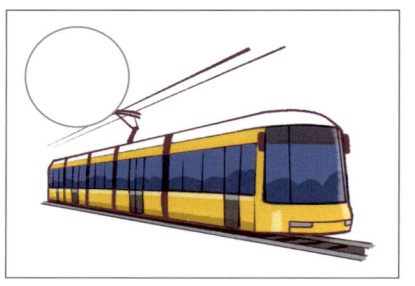  

2 Welche Teile fehlen im Bild 2? Kreise sie in Bild 1 ein.

• Die Fahrzeuge benennen. Ggf. weitere auflisten (siehe auch Wörterkasten S. 46). Sich über Erfahrungen mit Verkehrsmitteln austauschen.
• Bei einem Vergleich zwischen den Fahrzeugen könnten folgende Aspekte eine Rolle spielen: Anzahl der beförderten Personen, Bequemlichkeit, Schnelligkeit, Transport von Dingen, Funktion, Ausstattung, Umweltverträglichkeit ....
Gesprächsimpulse: Welche Fahrzeuge gibt es in unserer Stadt? In welchem würdest du gern einmal mitfahren? Haben alle Fahrzeuge Räder?

Im Technikmuseum

1 Ein Ausflug ins Technikmuseum! Verbinde das Fahrzeug aus früherer Zeit mit dem passenden modernen Fahrzeug.

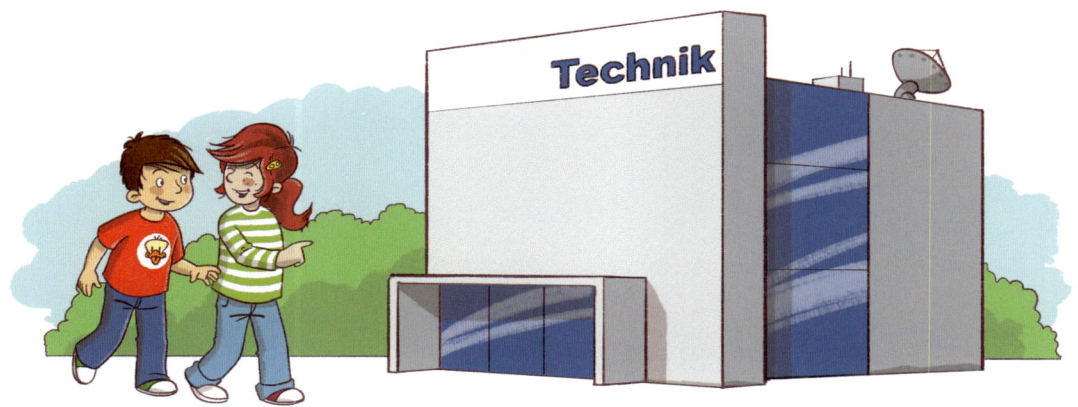

früher   heute

- Das Aussehen der Modelle (früher/heute) thematisieren. Mögliche Gründe für die Veränderungen im Laufe der Zeit diskutieren.
- Aspekte, die bei der Weiterentwicklung der Fahrzeuge eine Rolle gespielt haben könnten: Schnelligkeit, Sicherheit, Bequemlichkeit, Transport, Umweltfragen.

Gesprächsimpulse: Wie reisten die Leute vor Erfindung des Autos? Kennst du andere Dinge, die heute anders aussehen als früher?

Traumfahrzeug

1 Wie könnte ein Fahrzeug in 50 Jahren aussehen?

Großfahrzeuge

1. Schreibe die Zahlen zu den passenden Bildern.
2. Spure ein Wort nach und male das passende Bild aus.

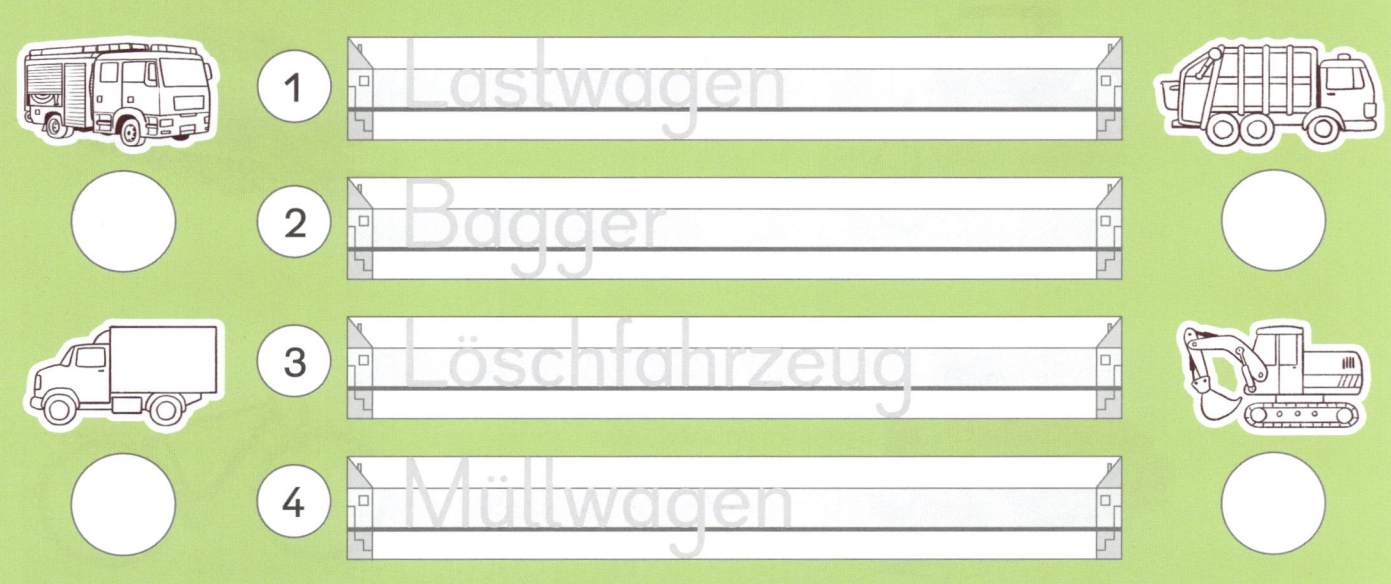

1	Lastwagen
2	Bagger
3	Löschfahrzeug
4	Müllwagen

• Ein Fahrzeug der Zukunft: Hier kann der Fantasie freien Lauf gelassen werden.
• Wer mag, kann erklären, was ihm bei seinem Bild wichtig war: Soll das Fahrzeug zu Lande, zu Wasser oder zu Luft fahren?
  Inwieweit unterscheidet es sich von heutigen Fahrzeugen?
Gesprächsimpulse: Sehen unsere Städte in 50 Jahren wohl noch genauso aus wie heute? Wird es mehr Autos geben oder weniger?

Verkehrsschilder

Gibt es ein Verkehrsschild mit einem Känguru?
Aber ja! Zumindest in Australien.
Welche Schilder stehen in eurer Umgebung?
Jeder wählt eins aus und macht ein Foto davon.
Findet heraus, was es bedeutet, und stellt euch
die Schilder gegenseitig vor.

Hell und dunkel

Wäret ihr für Autofahrer auch im Dunkeln
gut zu sehen? Probiert es aus. Ein Kind
zieht dunkle Kleidung an, ein anderes
helle (eventuell mit Reflektorbändern).
Macht es dunkel im Zimmer. Ein drittes
Kind leuchtet mit einer Taschenlampe.

Fahrzeuge-Memo

Jeder sucht ein Bild von einem Fahrzeug
heraus (z. B. Zeitschrift). Das Bild sollte
auf ein Papp-Quadrat von 6,5 x 6,5 cm passen.
Auf ein anderes Quadrat schreibt ihr
den Fahrzeugnamen. Achtet auf die gleiche
Rückseite der Quadrate. Legt all eure Quadrate
verdeckt vor euch und deckt Pärchen auf.

Inhaltsverzeichnis